Chocolate Vampire

2

Kyoko Kumagai

Chocolate Vampire

Die Charaktere

Setsu
(2. Jahr der Mittelschule)
Ein Vampir, der als Kind mit Chiyo den Blutspakt »Article Blood« geschlossen hat.

Chiyo Misaki
(1. Jahr der Highschool)
Ihre Eltern wurden von einem Vampir getötet, als sie noch klein war.

Tomoki & Yukari
Chiyos jüngere Geschwister

Inhalt

Chiyo hat als Kind mit dem Vampir Setsu den Blutspakt »Article Blood« geschlossen. Seitdem kann Setsu nur noch Chiyos Blut trinken, während Chiyo ihr Blut keinem anderen Vampir geben kann. Doch seit Chiyo mit ansehen musste, wie ihre Eltern von einem Vampir getötet wurden, will sie den Pakt mit Setsu lösen. Auf der Highschool ist Chiyo Mitglied der Campus-Sicherheitstruppe, die gegen wild gewordene Vampire kämpft. Eines Tages wird sie von der schönen Nene dazu gedrängt, den Vertrag mit Setsu zu lösen, damit diese selbst den Blutspakt mit Setsu schließen kann. Da Nene verdächtigt wird, in illegale Blut-Auktionen, die als Misswahl getarnt werden, verwickelt zu sein, nimmt Chiyo als verdeckte Ermittlerin am Wettbewerb teil. Setsu verlangt von ihr, ihre Teilnahme zurückzuziehen, doch Chiyo will das nur unter der Bedingung tun, dass er die Verbindung mit ihr löst. Überraschenderweise willigt Setsu ein und hebt den Pakt auf. Chiyo fühlt sich nach der Prozedur zunächst sehr benommen. In diesem schwachen Zustand wird sie von Nenes Handlangern gekidnappt …

Ich trage ein Gefühl in mir ...
... das ich fest auf dem Grunde meines Herzens verschlossen halte ...
Kapitel 7

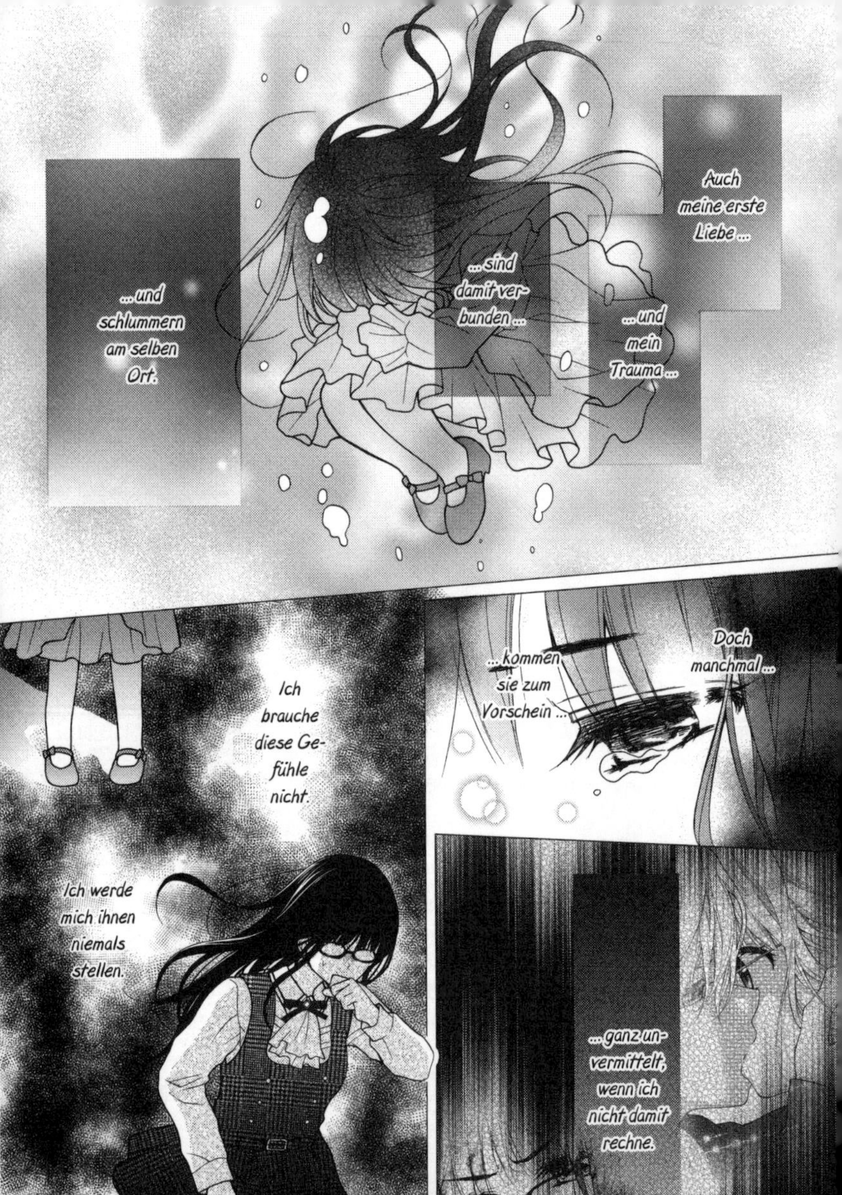
Auch meine erste Liebe ...
... und mein Trauma ...
... sind damit verbunden ...
... und schlummern am selben Ort.
Doch manchmal ...
... kommen sie zum Vorschein ...
... ganz unvermittelt, wenn ich nicht damit rechne.
Ich brauche diese Gefühle nicht.
Ich werde mich ihnen niemals stellen.

So habe ich
immer gedacht.
Zumindest
bisher ...

Er ist unberechenbar, und nie weiß man, was in ihm vorgeht.
Drück
War das etwa ...
... Setsus aufrichtige Meinung?
Egal wie viel Zeit vergeht, deine seelischen Wunden von damals wollen einfach nicht heilen.

Klack
Mhm ...

Zieh
Was ... ist das ...?
Schwindel
Aah ... Jetzt erinnere ich mich wieder.
Schluck
Setsu und ich haben unseren Blutspakt gelöst.

Und danach wurden wir von Nene Himekoji und ihren Handlangern angegriffen ...
Waber
もや
Ich will mit Setsu-kun den Blutspakt schließen.
Waber
もや
Du hast auf mich gehört? Das hatte ich doch nur im Scherz gesagt!
Waaas ?!
Waber
もや
Brodel
Klang
Rüttel
Rüttel
Dieses Miststück!!
Der bring ich das Fliegen bei!!
Mist! Ich hab den Pakt zum falschen Zeitpunkt gelöst!
Mit diesen Fesseln wär ich sonst ...

Raschel
!!
Selbstge-
spräche sind
verboten.
♡
Jetzt
fängt nämlich
gleich ...
... unsere
wunderbare
Party an.

Gong
Meine sehr verehrten Damen und Herren!
Hiermit eröffne ich die …
… von allen Vampiren sehnsüchtig erwartete …

Flapp

... geheime
Auktion im
Rahmen der
Miss-Kagari-
zuki-Wahl!!

...?!
Jubel

Klatsch
Klatsch
Klatsch
Das hier ...
... ist die Auktion ...?!
Klatsch
Klatsch
Klatsch
Klatsch
Klatsch
コツン.
Tock
Ich finde, über Schönheit entscheidet nicht nur das äußere Erscheinungsbild.
Auch das Blut, das durch den Körper fließt, sollte in gleichem Maße gewürdigt werden.

Das macht die wahre Miss Kagarizuki doch erst aus.
Wir haben für alle Anwesenden Blutproben vorbereitet, die gekostet werden dürfen.
Falls Sie das Blut einer Kandidatin frisch von ihrem Hals trinken wollen …
… steigern Sie bitte bei der Auktion im Anschluss kräftig mit und sichern Sie sich den Zuschlag.

Natürlich ...
... stelle auch ich mein Blut zur Verfügung ... ♡
Raun
Oooh ...
Ich hab leider nicht genug Geld auftreiben können, um mir die Prinzessin leisten zu können.
Plauder
Das Blut von Nummer fünf ist gar nicht schlecht, was?
Ich werde wohl zwischendurch das Handtuch werfen müssen.
Plauder

1 ₥10
Das erste Gebot für Nummer eins liegt bei zehn Money.
1 ₥10
Prust
Bwa ha ha ha ha ha!
Ha ha ha! Zehn?! Das ist ja ein Witz!
Die würde ich nicht mal wollen, wenn ich zehn Money geschenkt bekäme.
Das erste Gebot für Nummer zwei, Nene Himekoji, liegt bei fünf Millionen Money.
Oooooh! War ja nicht anders zu erwarten!!

Zur Begrüßung

Guten Tag, hier ist Kyoko Kumagai! Vielen Dank, dass ihr auch den zweiten Band von *Chocolate Vampire* lest! Da ich mich zum ersten Mal an einer Vampirserie versuche, bin ich beim Zeichnen immer ganz schön nervös, ob sie bei den Lesern auch ankommt. Es ist auch das erste Mal, dass ich so viele Charaktere auf einmal zeichne. Das ist echt ganz schön hart, aber macht mir auch viel Spaß! Das Gleiche gilt für die Actionszenen. Ich kämpfe jeden Tag damit, dass meine Zeichnungen noch nicht ausdrucksstark genug sind und ich mit ihnen nicht die nötige Wirkung erzeugen kann, aber das wird hoffentlich alles noch besser im Laufe der Zeit. Ich gebe mir Mühe!

Also dann, ich hoffe, euch gefällt Band zwei ...!

Haah ...
Momentan bin ich allerdings eindeutig im Nachteil.
Ich hab auch mein Körpergefühl noch nicht zurückerlangt, seit Setsu unseren Pakt gelöst hat.
Sechs Millionen Money für Nummer zwei!
2 6.000.000
6.300.000 für Nummer zwei!
2 6.300.000
Nummer zwei, 6.350.000 Money!
Mist! Meine Waffe haben sie mir auch weggenommen. Was jetzt ...?
Zehn Millionen Money für Nummer zwei!

Raun
Hm ...?
Echt jetzt ?!
Z... Zehn Millionen?!
10,000,000
Kch ...! 15 Millionen Money!
30 Millionen!
Diese Stimme ...
100 Millionen Money für Nummer zwei.
2
100.000.000

Setsu ...!!
わあああああ
Jubel
E... Einhundert Millionen!
Damit geht der Zuschlag an das letzte Gebot, den mit Abstand höchsten Betrag, der jemals auf dieser Auktion geboten wurde!!!

Darf ich den Gewinner der Auktion bitten, auf die Bühne zu kommen und sich neben Fräulein Himekoji mit der Nummer zwei zu stellen?
Raun
100 Millionen! Das geht doch nicht mit rechten Dingen zu!
Raun
Das ist bestimmt ein Falschbieter.
Wer zum Geier ist der Kerl, der den Zuschlag gekriegt hat?!
Flapp

Setsu-kun ...!
S... Setsu Kagarizuki ...?
Hä?
Wie kann das sein?
Sind etwa Informationen über die Auktion nach draußen gesickert?
S... Sollten wir nicht besser verschwinden?

Ich freue mich ...
Ich hätte nicht damit gerechnet, dass du um mich mitsteigern würdest ...
Ignorier

Schließ-
lich ...
... bin ich
jetzt endlich
von meinem
Pakt befreit.
Das muss
ich doch mit ei-
nem köstlichen
Mahl feiern.

Ich hab mich in dir getäuscht!
Ich hätte nie von dir gedacht, dass du bei so einer miesen Auktion mit-machst! Das ist das Allerletzte!
Aber das kann mir ja jetzt auch egal sein, da wir nicht mehr miteinander ver-bunden sind.
Ich komme mir so blöd vor, dass ich auch nur einen Moment lang an meiner Entschei-dung gezweifelt hab ...!!

Kicher
Kicher
Kicher
Du hast recht. Und obwohl es dich rein gar nichts angeht ...
... machst du hier trotzdem so eine Szene. Das kann ich nicht dulden.
Soll ich dir was verraten, Chiyo Misaki-san?
Ich habe dich nicht hergebracht, um dich versteigern zu lassen, sondern als Unterhaltungs-programm.

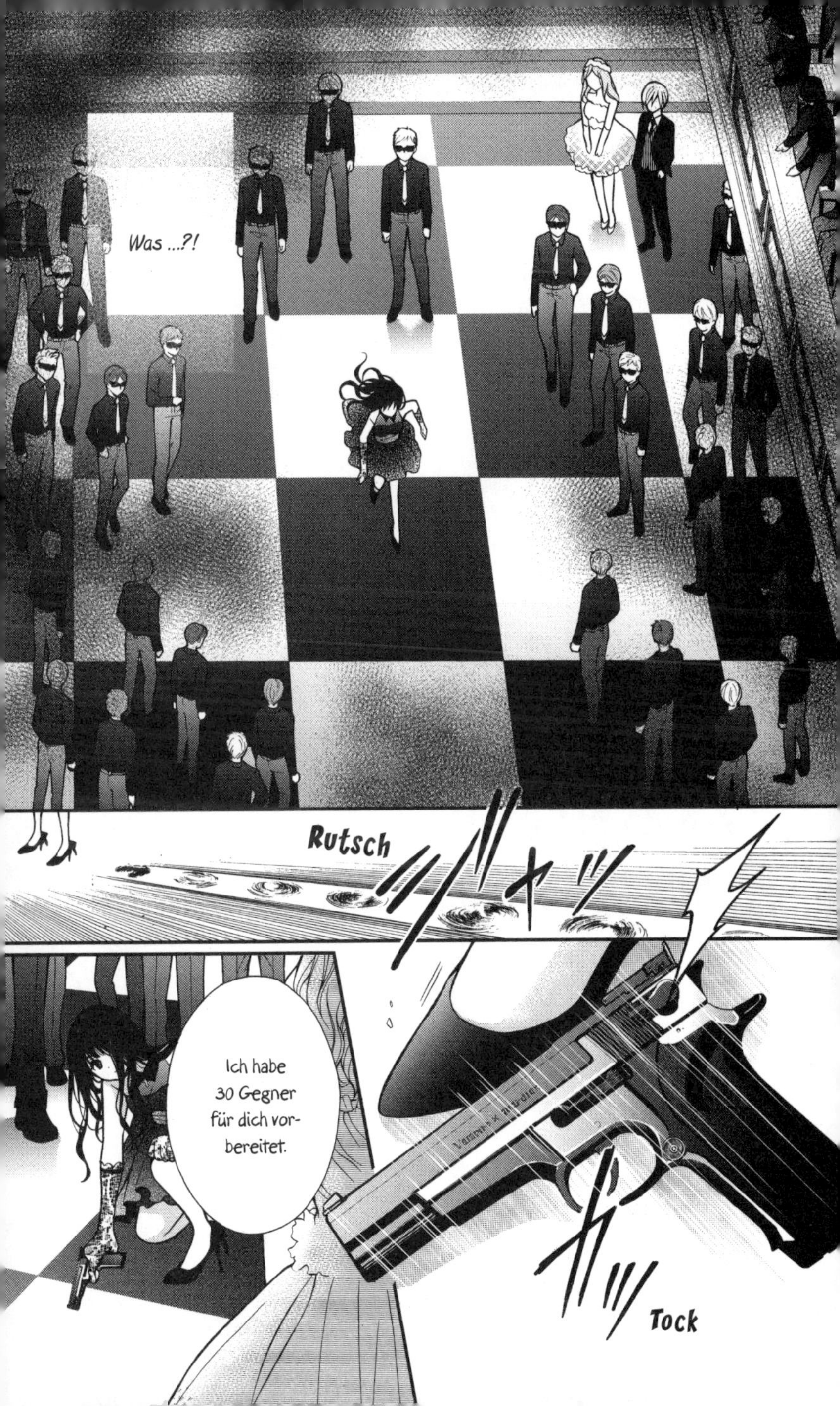
Was ...?!
Rutsch
Ich habe 30 Gegner für dich vorbereitet.
Tock

Es gibt nämlich waaahn-sinnig viele Vampire, die dich geradezu verabscheuen, Chiyo Misaki.

Und ein paar von denen werden dir gleich ernsthaft nach dem Leben trachten.

Streng dich an. Ich hoffe, du kommst hier lebend wieder raus. ♡

Klack

Yaay!

Jubel

Pfeif

Jetzt wird's span-nend!!

Bringt sie um!!

Blamm
Das kommt mir wie geru-fen ...
Ich hab nämlich grad ganz miese Laune.
Ich nehme die Herausfor-derung an!

Miyako – Auf den Schwingen der Zeit in Deutschland (Leipzig & Hamburg)

Vor einer Weile erfuhr ich, dass *Miyako* in Europa veröffentlicht wird und in Deutschland sehr beliebt ist. Meine erste Reaktion war: »Mein Manga ist ein Bestseller in Deutschland? Niemals! (Lach)« Ich konnte es einfach nicht glauben! Doch dann … erhielt ich plötzlich eine Einladung des Verlags TOKYOPOP! Und so fuhr ich nach Deutschland!! Meine allererste Reise nach Europa! Es war schon immer mein Traum, mal dorthin zu fahren. Ich konnte es mir zunächst wirklich nicht vorstellen, doch dann erlebte ich eine Überraschung: *Miyako* ist dort tatsächlich beliebt! Selbst in Buchläden mit nur einer kleinen Comicecke sind die Bücher gut sichtbar platziert, und für ein Event hatte TOKYOPOP Taschen mit *Miyako*-Motiv produziert, mit denen ganz viele Leute herumliefen. Und die Tickets für meine Signierstunde waren auch im Handumdrehen vergriffen. Ich war total happy …!! Vielen herzlichen Dank für die Einladung!

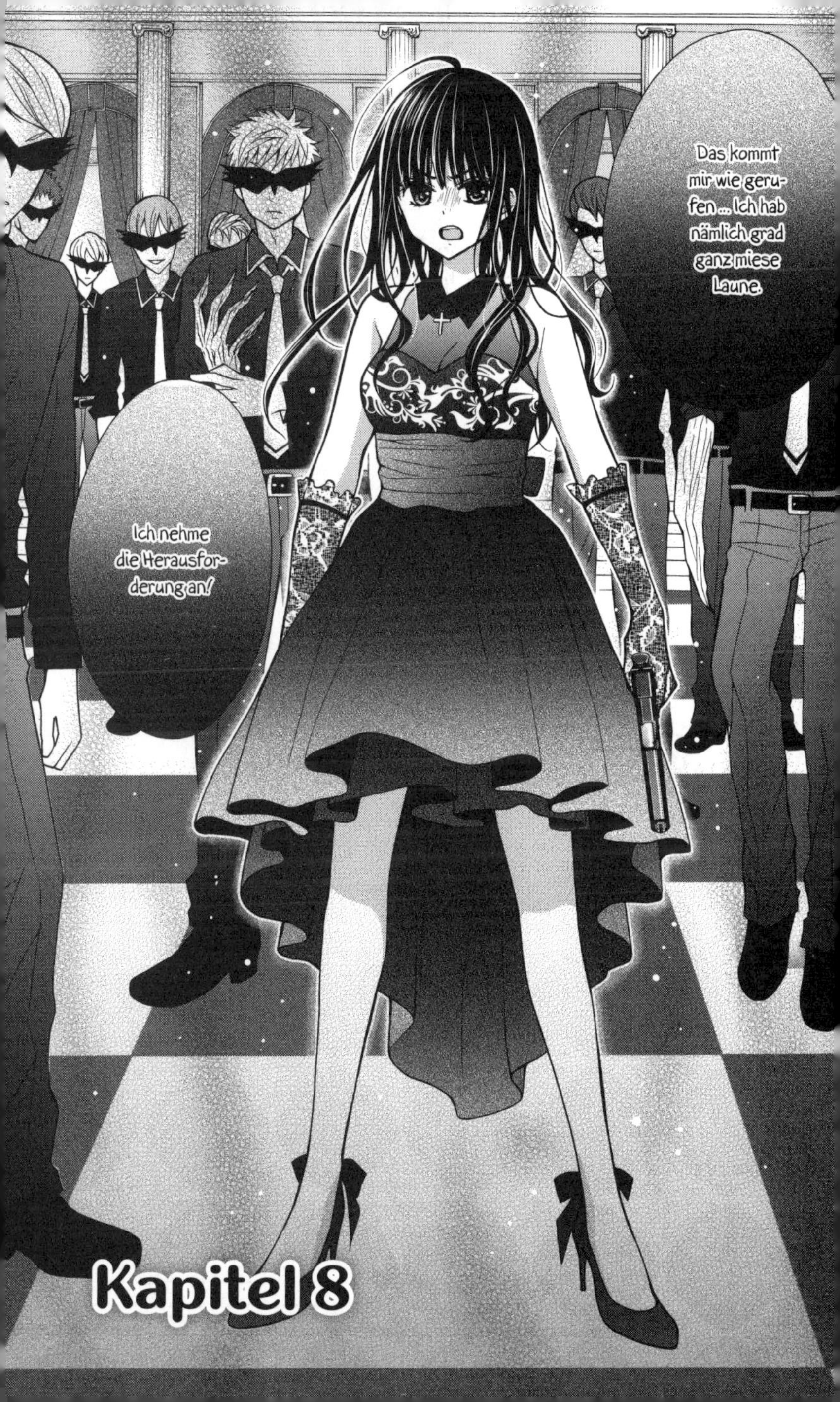

Das kommt mir wie gerufen ... Ich hab nämlich grad ganz miese Laune.
Ich nehme die Herausforderung an!

Kapitel 8

Starr
Dieser Mistkerl!
Ich werde das Durcheinander ausnutzen und ihm gehörig in den Hintern treten.
Schließlich ...
... bin ich jetzt endlich von meinem Pakt befrei
Das muss ich doch mit einem köstlichen Mahl feiern.

Es folgt der Unterhaltungsteil unserer heutigen Auktion:
So etwas hat die Welt noch nicht erlebt!
Chiyo Misaki, die erst vor Kurzem ihren Blutspakt gelöst hat, tritt gegen 30 Vampire an!
Das wird ein Battle Royale auf Leben und Tod!!
Jubel
わあぁあ

ワァアァアアア
Jubel
Kicher
Solltest du sie nicht lieber aufhalten, Setsu-kun? ♡
Gleich ertönt der Gong.
Nein ...

Nicht nötig.
Gooong
Damit ist der Kampf eröffnet!!

Stirb!

?!
Hepp
Tock
Blamm
Dosch

Blamm
Blamm
Blamm
Katsching
Arrrgh!
Uff ...
Blamm
Klick
Röchel

W... Wahnsinn ...
Sie hat den Rückstoß ihrer Pistole und den Schwung ihres Gegners aus-genutzt!
Im Hand-umdrehen hat sie bereits zehn Vampire außer Gefecht gesetzt!!
Das, was ich an Körperkraft eingebüßt habe ...
... muss ich aus-gleichen, indem ich mir alles zunutze mache, was mög-lich ist.
Puh ...

Pack
Ver-
dammter
Mist!
Uwaah
...!
Schlitz
Blamm
Katsching
Wenn ich mit
meiner Pistole
auf den Ansatz
ihrer mutierten
Arme ziele ...
... wird die Blut-
zufuhr gestoppt
und der Arm wird
augenblicklich
unbrauchbar.
Sshht

Hepp
Ich kämpfe nicht umsonst jeden Tag gegen Vampire.
Kick

Blamm
Katsching
Blamm
Ich überrasche sie, indem ich mich so flink und leicht bewege ...
... dass ich ihnen immer mindestens einen Schritt voraus bin!
Blamm
Nur noch elf!

Chiyo gegen die Vampire

Den Kampf zwischen Chiyo und den Vampiren auf diesen Seiten habe ich einfach aus dem Ärmel geschüttelt. Ich hatte jedenfalls anfänglich nicht geplant, Chiyo gegen 30 Vampire kämpfen zu lassen.

Eigentlich war vorgesehen, dass Chiyo und Setsu zusammen kämpfen und die Vampire vor Ort unschädlich machen. Aber irgendwie hat Setsu sich plötzlich extrem gemein verhalten, was Chiyo gehörig auf die Palme gebracht hat, und so hat sich das Ganze in diese Richtung hier entwickelt. (Lach)

Wenn die Charaktere sich auf einmal wie von selbst durch die Story bewegen und dabei eine ganz andere Richtung einschlagen als vorgesehen, kommt es mir so vor, als wären sie lebendig. Da bekomme ich richtig Gänsehaut vor Glück! (Lach)

Deshalb zeichne ich in der Regel, ohne vorher die Geschichte bis ins kleinste Detail zu entwerfen. Trotzdem hätte ich gern gezeichnet, wie Chiyo und Setsu gemeinsam kämpfen ...! Also nehme ich mir das für die Zukunft ganz fest vor! Freut euch schon mal drauf!

(´∀`)

Pack
Rumms
Röchel
Stemm
Stemm
Stemm
Stemm

Durch einen Überraschungsangriff hat sich das Blatt gewendet!!
Jubel
Mist ...!
Looos!
Bring sie um!
?!
Setsu ruft mir irgendwas zu ...!

Freu
Freu
Freu
Freu
Chiyo-chaaan!
Streng dich an! ♡ Du schaffst das! ♡
Plick
Fletsch
Was fällt dem ein, sich hier zu ...
Beiß
Kreisch
... amü-sie-ren?!

Kreisch
Blamm
Peng
Kreisch
Blamm
Setsu-kun ...
... lass die doch machen ...
... und trink lieber schnell mein ... Blut, ja?

Du wirst
bestimmt ganz
verrückt danach
werden ...
Sshh

Blamm
Blamm
Blamm
Blamm
Ausweich
Mi...!
Bei dem Überraschungsangriff eben hab ich mich zu sehr verausgabt!
Weil meine Hände zittern, kann ich nicht mehr richtig zielen!

Dabei sind nur noch vier übrig ...!
Ich bin so außer Atem, dass es sich anfühlt, als würde meine Lunge gleich kollabieren.
Und meine Arme und Beine ...
... sind so taub ...
... als würde ich dagegen ankämpfen, im Morast zu versinken.
Knick
Das ist also ...

... mein
natürlicher
Körper ...

Ah...!

Pack
Press
So eine ... Schei-ße!
Splatz
Blamm

Tropf
ポタ
Tropf
ポタッ
Ich bin so sauer ... Ich könnte kotzen ...!
Raun
ザワッ
Haah ...
Haah ...
...!
Hey ...! Was passiert hier?!
Was ist das für ein Duft?
Alter ... Ich verlier den Verstand ...

Noch ... drei ...
Knirsch
...?!
Uwah!
Die riecht aber lecker!
Hey, wenn wir sie eh töten ...
... können wir doch vorher ihr Blut trinken, oder?
Zeig uns, wie du schmeckst ...
Wir werden dich bei lebendigem Leib aussaugen.

Äh ...?
Was macht ihr denn da alle?!
Spuck
Platsch
Igitt ...
Buärgs
Das schmeckt ja total widerlich. Ich hab mich richtig erschrocken.
Total widerlich ...?
Das ist immer noch das effektivste Mittel ...
... um Mädchen wie dich, die nichts vorzuweisen haben außer einem übergroßen Ego, unschädlich zu machen.

Tapp
Ich werde nie jemand anderen wählen als Chiyo.
Sie ist ein hoffnungslos stures, starkes ...
... und süßes ...
Hepp
... Mädchen, das bis aufs Blut begehrenswert ist.
Zupf

Ich bin ...
... von ganzem Herzen in sie verliebt.

Schnipp

Tock
Tock
Tock
Patsch

Ver-
fluchter
Mist!

Free Page②
Und das Cover von Band drei schmückt ...
Mir wäre auch ein späterer Band recht.
Und was ist mit mir ?!
Ob ich in Band drei überhaupt vorkomme?
A... A...A... Also ich verzichte dankend!!
Wer wird aufs Titelbild kommen?!
Chocolate Vampire 3
Demnächst
im Handel!!

Kapitel 9

Ver-
fluchter
Mist!

Ch...
Chiyo ...

...!
Zitter
Zitter
Zitter
Rutsch
Uwah ...
Hey ...!

...!
Schluchz
Dass ich mich von dir retten lassen musste ...!
Tut mir leid.
Ich wusste nicht, dass dich das so verletzen würde.
Es tut mir wirklich leid ...

Rums

Ich bin … so sauer!

Ich … hatte einfach nicht genug Kraft.

Mit diesem Körper kann ich meine Eltern nie rächen.

Ich kann nicht mal … meine geliebten Geschwister beschützen.

K... Keinen Widerstand leisten zu können ...
... obwohl man Angst hat ... obwohl man es eigentlich will ... das ...!

Ich verstehe ...
Na gut.
Dann ... sag mir bitte, was ich jetzt tun soll.
...!
Wie bitte? Ich hab dich nicht ver-standen.

Schließ ...
Schließ mit mir den Blutspakt »Article Blood«!!

Knirsch
So eine Scheißeee!
Prust

Dir ist
einfach nicht
zu helfen
...
Also gut.
Damit gebe ich
mich vorerst
zufrieden.
Tock
Wie ...

... kann es jemanden geben ...
... dessen Blut besser schmeckt als meins?
Ich meine ... das war bei deinen Geschwistern doch auch nicht der Fall.
Wie kann es innerhalb einer Familie solch einen Unterschied in der Qualität des Blutes geben ...?
Von Blutsqualität und dem ganzen Schnickschnack verstehe ich nichts ...

Aber da ich nicht mit den beiden ver- wandt bin ...
... ist das nicht verwunder- lich ...
W... Wie bitte ...?
Und wer ist dann deine richtige Familie ...?

Wenn du weiter ver-suchen solltest, dich zwischen Chiyo und mich zu drängen ...
!
Kann es sein, dass ...
... dann werd ich richtig sauer. Hast du mich verstan-den?

Ausflug nach Deutschland! ①

Ich war in Deutschland, um auf der Leipziger Buchmesse, einem dort berühmten Event, das man mit dem Comiket* in Japan vergleichen kann, eine Signierstunde zu geben.

Zunächst überraschte mich der Terminplan. (Lach) Für meinen fünftägigen Aufenthalt waren ganze sechs Signierstunden vorgesehen. Sechs ...!! Die Messe dauerte vier Tage. An einem dieser Tage gab ich sowohl vormittags als auch nachmittags eine Autogrammstunde. Dazwischen gab es ein einstündiges Bühnenprogramm.

Am letzten Tag fuhren wir drei Stunden mit dem Zug von Leipzig nach Hamburg, wo ich in einem Buchladen ebenfalls eine Signierstunde gab. Zunächst dachte ich: »Na ja, auf der Messe pro Tag circa 50 Bücher zu signieren, werde ich schon schaffen!« Aber da hatte ich mich zu früh gefreut! (Lach)

An Tagen, an denen ich viel Sightseeing machte, lief ich etwa 10.000 Schritte. Für eine Stubenhockerin wie mich war das ein ganz schön hartes Programm, lol. Aber die gesamte Zeit über hatte ich wahnsinnig viel Spaß!!

Fortsetzung in Teil 2 →

*»Comic Market«, große Manga-Messe in Tokyo

Biep
Zumindest um das Chaos hier werde ich mich kümmern.
Kommandant, wir sind bereit, das Gebäude zu stürmen!
»Aber da ich nicht mit den beiden verwandt bin ...«

Es ist schon lange her, dass ich diese Worte ausgesprochen habe.
Auch jetzt versetzen sie meinem Herzen noch immer einen Stich.
Die Eltern der beiden haben mich, ein Kind ohne Familie, bei sich aufgenommen.
Doch dann sind sie durch meine Schuld ums Leben gekommen.
Für diese Sünde muss ich Buße tun.

Dafür brauche ich um jeden Preis Kraft ...
Sink
Erst mal schließe ich deine Wunde.
Das tut ein bisschen weh, also sei tapfer, ja?

Saug
!
Ich geb's zwar ungern zu, aber ...

... Setsus Geruch und die Berührung seiner Lippen be-ruhigen mich.
Als ich von den Vampiren angegriffen wurde ...
...war ich überwältigt von Angst.
Aber bevor ich wusste, wie mir geschah, hatte mein Körper auf-gehört zu zittern.

Ich war ihm stets zu nah, um zu bemerken ...
... wie geborgen ich mich bei ihm fühle ...

U ?!
Setsu,
du hast ja
ganz rote
Ohren ...
Äh ...
ich weiß
...
?!

Hä?
W... Warum
denn?
Na weil,
na weil
...
Poff
... sich deine
Brust so un-
glaublich weich
anfühlt ...
Bitteee?!
Du Mist-
kerl! Und ich
liege hier mit
Schmerzen!
Ich kill
dich ...
Kann ich
was dafür?!
Ich bin jetzt
im zweiten Jahr
der Mittelschule!
Meine Instink-
te sind voll
erwacht!
Du
hast sie ja
wohl schon
öfter ange-
fasst!!
Und ich
hab festge-
stellt, es liegen
Welten zwischen
Brüsten, die man
durch die Klamot-
ten fühlt, und
einer direkten
Berührung.
Energisches
Statement
Ach
menno
...
Das ist
ja wohl ein-
deutig deine
Schuld.

Dein Outfit ist so sexy, dass ich gar nicht weiß, wo ich hinschauen soll.
かあっ Erröt
Sch... Schau mich doch nicht mit solchen Au-gen an ...
Knarz

Ich schließe
jetzt erneut
den Blutspakt
mit dir.

W...
Warte ...
Ich bin
noch nicht
so weit ...
Verdammt,
auf einmal ...

... habe ich Angst.
Ich kann nicht mehr warten.
Fletsch

Mein
Herz, das ich
so lange unter
Verschluss ge-
halten habe
...

Hn ...!
... wird mit Gewalt aufge- brochen.

Chocolate
Vampire

Kapitel 10

Als wir zum
ersten Mal
den Blutspakt
geschlossen
haben ...
... war Setsu
noch ganz
klein und
zitterte vor
Schmerzen.
Setsu-kun
... Ist alles
okay?

Schluchz
Ja …
T…
Tut mir leid,
Chiyo-chan
…

Ich bekomme mein Blut irgendwie nicht in deinen Körper.
Hick
Jetzt habe ich deine Sachen ganz vollgeschmiert ...
Um meine Sachen brauchst du dir keine Sorgen zu machen!
Aber ich kann nicht mehr mit ansehen, wie du vor Schmerzen das Gesicht verziehst!

Deine Wunde hat sich schon verschlossen ...!
Ja.
Sie verheilt in der Zeit, in der ich das Blut mit dem Mund zu deinem Hals transportiere.
Ich muss noch mal neu zubeißen ...
Haah ...
Ich hätte einen meiner großen Brüder vorher fragen sollen, wie's geht ...
Von mir aus muss es nicht unbedingt heute sein.
Wir können es doch einfach morgen noch mal probieren.
Nein, dann müssten wir ja noch mal ganz von vorn anfangen ...
Waas?

Ich hab's!
Wenn du dir auf die Zunge beißt, kannst du mir dein Blut vielleicht direkt einflößen!
Auf die Zunge ...! Das könnte klappen!
Okay, ich versuch's!
Beiß
Zitter
Zitter
Zitter
...

Ausflug nach Deutschland! (2)

Ich war ganz gerührt, dass vielen Fans bei den Signierstunden vor Nervosität die Hände gezittert haben. Außerdem lesen in Deutschland offenbar auch Jungen ganz vorurteilsfrei Shojo-Manga, deshalb gab es erstaunlich viele männliche Teilnehmer. Und auch das Alter der Leser war sehr gemischt. Beides war völlig neu für mich und hat mich richtig gefreut!

Das Stage Event war eine Herausforderung mit hohem Schwierigkeitsgrad, da ich Fragen beantworten musste, während ich nebenbei live eine Zeichnung anfertigte. Aber auch das habe ich irgendwie gemeistert. (Lach) Es gab total viele Zuschauer und dementsprechend gab es auch eine Menge Fragen. Natürlich war ich darüber sehr glücklich, aber dafür kam ich mit dem Zeichnen kaum voran. (Lach)

Zwischendurch habe ich darum gebeten, mit den Fragen auszusetzen, und so habe ich die Zeichnung am Ende gerade noch rechtzeitig fertig bekommen! Wow, da war ich wirklich erleichtert ...!

Ich hatte richtig viel Spaß dabei, mich mit den deutschen Lesern auszutauschen! ♡ Und was mich noch überrascht hat, war, dass bei den Signierstunden sowohl auf der Messe als auch im Buchladen Personenschutz mit dabei war!

Fortsetzung in Teil 3 →

Aber dieses Mal ...
Ich beginne jetzt mit der Prozedur.

W... Warte!
Du hast doch vorhin selbst gesagt, dass ich noch einmal den Blutspakt mit dir schließen soll, oder?
Ich kann nicht länger warten.
Aber das hier hat überhaupt keinen Charme!
Ich werde nicht zulassen, dass du plötzlich wieder deine Meinung änderst.
Nicht mal über meine Leiche könnte ich zugeben, dass mir das Ganze plötzlich irgendwie Angst macht ...
Scheiße!

Beiß
Es ist alles okay.
Gleich ist es vorbei.
Stech

Zitter
Zitter
Setsus Blut ...
Dodomm
... strömt lang-sam ...
... in meinen Körper.
Dodomm

Mir ist so heiß!
Nicht!
...!
Ich fühl mich so komisch ...!
Streich
Zuck
Ah!

Erröt
かあっ
...!
Grins
Duuu ...!!
ばっ
Batsch
Was hab ich da grad für einen Laut von mir gegeben?!

Du bist das Letzte ...!
SST
Nicht böse sein, ja? ♡
Ich kann mich ihm nicht wider-setzen ...

Hnn ...
Uh ...
ホワ
Schwummer

Meine
Muskeln ...
... gehorchen mir
nicht mehr ...

Es fühlt sich anders an als beim Lösen des alten Pakts.
Dieses Mal fühlt sich mein Körper nicht müde und schwer wie Blei an.
Aah ...
Ich fühle mich so angenehm leicht, als würde ich schweben ...
»Setsu-kun ...«

»Tut mir
leid, dass du
meinetwegen
solche Schmer-
zen aushalten
musstest.«
»Ach
was.
Ich bin so
froh, dass ich
mit dir den Bluts-
vertrag schließen
konnte, Chiyo-
chan.«

»Ich bin
auch …
… wahnsinnig
froh …«
Dieses
Gefühl, als
würde ich
auf Wolken
schweben …
… fast so
wie damals
…

Damals zählte für mich nur meine Liebe zu Setsu.
Mehr brauchte ich nicht ...
... um glücklich zu sein ...

Leck
Fertig.
Jetzt sind wir wieder durch »Article Blood« verbunden.

Träum
Heb
Hat es sich so gut angefühlt ...?

Ja ...
Stups
...
Knarz

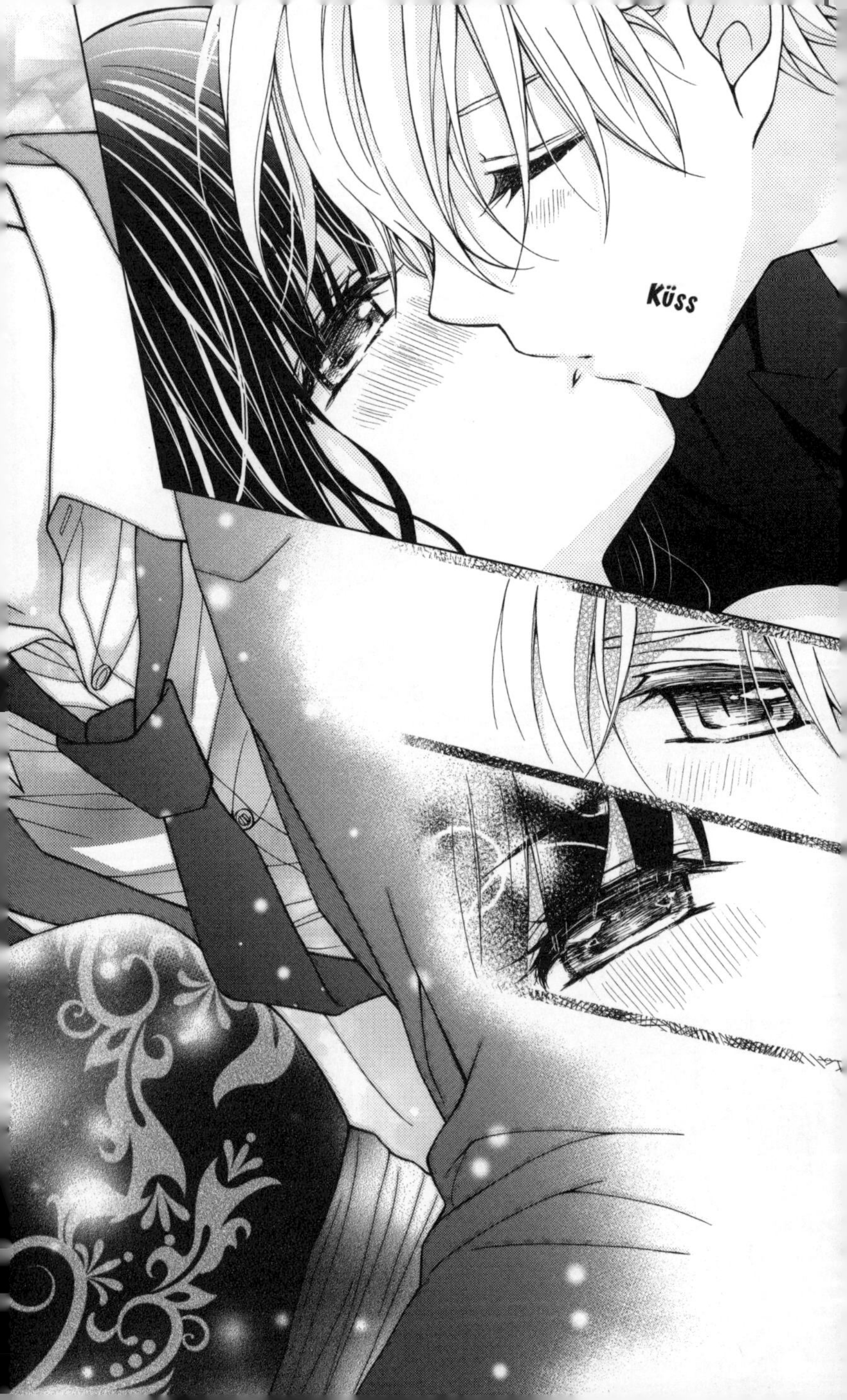
Küss

Mmpf?!
Knautsch
N...
Nanu?
Bin ich etwa doch zu weit gegangen?
Mit dem Kuss ... ♡
Aua! Aua!
Schwank
Treib's ja nicht auf die Spitze ...!
...! Vergiss das sofort wieder, oder ich dreh dir den Hals um!!

Tapp
Plumps
Haah ...
Strampel
Strampel
Strampel
カッ
Tock
カッ
Tock
カッ
Tock
Jetzt ist mir endlich klar ...

... wovor ich mich die ganze Zeit gefürchtet habe.
Nicht davor, dass mir mein Blut ausgesaugt wird ...
Ich hatte Angst davor ...
... dass ich noch einmal wie eine Bescheuerte von diesem Gefühl der Glückseligkeit eingelullt werde ...
Chiyo-chan!

Tomoki, Yukari ...
Wie siehst du denn aus?
Dein Kleid ist ja ganz zerrissen und voller Blut!
Hier, leg dir diese Decke über!
Hast du wieder zu viel gekämpft?
Es ...
Drück
... gibt für mich kein Zurück zu dem Mädchen, das ich einmal war.
Alles okay.

Free Page ③
Ich will nicht vergessen
Träum
...
Haaah ...! Ich hab sie geküsst ... Gleich zweimal ...
Und es schien fast, als würde sie meine Gefühle erwidern ...!!
Als ich gefragt hab, ob es sich gut angefühlt hat, hat sie Ja gesagt!
Ja!!
Strampel
Strampel
Strampel
Das werde ich garantiert nicht vergessen! Ihren sinnlichen Gesichtsausdruck, ihre Tränen, und wie sie sich geniert hat! Uwah ha ha!
Poff
Poff
Kyaaah!
Hört ihn bis nach draußen
Ein Schlag auf den Kopf sollte da Abhilfe schaffen.
Knacks
Knacks

Hast du schon gehört?
Ein gan-zer Haufen Vampire wurde vom Unterricht suspendiert.
Kapitel 11
Die haben die Kandidatinnen der Misswahl ent-führt und wollten ihr Blut verstei-gern, oder?
Die sind echt der letzte Dreck.
Da schämt man sich ja als Vampir in Grund und Boden …
Un-terste Schublade so was …
…

Kapitel 11

Vorstandszimmer
So sieht's aus.
Die Stimmung ist ziemlich ange-spannt.
Was willst du nun also tun ...

... Papa?
Knarz
Also gut ... In diesem Fall ...
... lasst uns doch mal wieder eine große Party veranstalten. Das haben wir schon lang nicht mehr gemacht.

Heute findet ...
... ein Survival Game für die gesamte Schule statt!!
Jubel

Wir haben alle Menschen und Vampire per Los in zwei Teams aufgeteilt, Schwarz und Weiß!
Wer dreimal mit Paintballs angeschossen wurde, für den heißt es »Game Over«!
Das Team …

Jubel
... das am Ende die meisten »Überlebenden« hat, gewinnt!
Ihr könnt das gesamte Gelände des weitläufigen Kagarizuki-Campus ausnutzen!
Verteilt euch und tobt euch richtig aus!!
Yaaaay!! Das lassen wir uns nicht zweimal sagen!
Lasst uns zusammenarbeiten und ordentlich auf Vampire ballern!

Das Spiel endet bei Sonnen- untergang!
In 30 Minu- ten fällt der Startschuss!!
Ich bin Team Weiß. Wie gehe ich am besten vor?
Schwatz
Schwatz
Schwatz
Rin-kun ...
In welchem Team bist du gelandet?

Zitter
Zitter
Zitter
Zitter
Stutz
Hey, ist alles okay mit dir??
Ich ... Ich hab gesagt, ich will das nicht ...
Sur-vival Games machen mir Angst ...!
Meine großen Brüder und Setsu und mein Vater sind alle voll doof! Jawohl, richtig doof!
Oh, du bist auch im weißen Team ... genau wie ich.

Greif
Lass uns zusammen-bleiben!
Wenn ich bei dir bin, passiert dir nichts.
O... Okay!

Tut mir leid, Chiyo-chan. Tut mir echt leid.
Uuuuh ...
Wie können sie so unterschiedlich sein, obwohl sie alle Brüder sind?
Na ja, ich kann's mir jedenfalls bildlich vorstellen ...
Ha ha!
Box
Ha ha ha!
Wääääh!
Kick
Plauder
Plauder
Ich werd einen Blitzstart hinlegen!
Au-weia!
Am besten, ich versteck mich.
Plauder
Plauder
Sinnlose Kämpfe will ich vermeiden.
Wo können wir uns am besten verstecken ...?
Auch wenn es mir eigentlich widerstrebt ...

Klack
Wo sind wir hier ...?
Hier wurde die Auktion neulich abgehalten.
Uwah!
I... Ist der Zutritt hier nicht verboten?
Heute wurde der Saal wieder freigegeben.
Aber das wissen nur ein Teil ...
Knarz

Tschack
Misaki, du ...?
Das Spiel hat noch gar nicht ange- fangen.
Kishi- senpai!

Tut mir leid. Das war ein Reflex ...!
Schon gut ...
Senk
Ähm ... und es tut mir leid, dass du mich neulich beschützen musstest ...
...
Haah ...
Können wir kurz unter vier Augen sprechen?
Nur, bis das Spiel beginnt.

Oh!
Tut mir leid.
I... Ich komm schon zurecht ...!
Ich warte hier auf dich.
Ich bin derjenige, der sich entschuldigen muss.
Bitte verzeih mir.

Mir war nicht bewusst, wie sehr du auf den Blutspakt angewiesen bist.
Ich hab mich eingemischt ... und konnte dich dann nicht mal beschützen.
Ich hab dich in Gefahr gebracht.
Damit habe ich als Komman-dant der Sicher-heitstruppe und als Mann ...
... versagt.

Was redest du denn da ...?!
Dafür bin ich ganz allein verantwortlich ...
Lass gut sein.
Wuschel
Ich habe gegen einen Vampir, der vier Jahre jünger ist als ich, auf ganzer Linie verloren.
Verzeih mir, dass ich nur die äußere Fassade gesehen habe.

Ich ...
... hatte nicht die geringste Ah-
nung, wie es in dir aus-
sieht ...

Gleich beginnt das Spiel ...
Äh ...
Ich hab dich noch nicht auf-gegeben ...

Ausflug nach Deutschland! ③

Auf der Messe wurde ich stets von zwei Sicherheitskräften begleitet, die vor und hinter mir gingen und mir einen Weg bahnten. (Lach) Ich hab mich gefühlt wie ein VIP, das war lustig! Herzlichen Dank jedenfalls an meine Sicherheitsleute! ✧✧

In Leipzig, Dresden und Hamburg habe ich auch Sightseeing gemacht und mir diverse Kirchen angeschaut. Die waren so schön, dass mir bei ihrem Anblick regelrecht schwindelig wurde! (*´∀`*) ♡ Ich liebe den Barockstil!! Ich hab mein Hirn ordentlich mit Bildern vollgestopft!! So fühlt sich Glück an!

Was das Setting von *ChocoVamp* angeht, hat mir eigentlich die Stadt Eton in England als Inspiration gedient, genauer gesagt das Eton College, das auch von Mitgliedern der königlichen Familie besucht wurde. (Eigentlich gehört die gesamte Stadt Eton zum Gelände der Schule, es handelt sich also um eine riesige Anlage.)

Zunächst dachte ich ja, ich kann nicht einfach Architekturstile verschiedener Länder bunt durcheinanderwürfeln, aber immerhin zeichne ich ja einen Fantasy-Manga, also was soll's!! (^▽^)w Vielleicht baue ich also eine Kirche, wie ich sie besucht habe, irgendwo in die Serie ein! An meine Reise nach Deutschland werde ich mich bestimmt mein ganzes Leben lang erinnern. ✧✧ Ich möchte auf jeden Fall noch mal dorthin. Deutschland!

Bei der zweiten Hälfte von dem, was er gesagt hat, hab ich nur Bahnhof verstanden ...
Schwer von Begriff
Haah, ein Glück!
Den lästigen Störenfried sind wir erst mal los.

Aber deinen Gesichtsausdruck, als wir den Blutsvertrag geschlossen haben …
Streichel
… hätte ich Kishi-senpai gern gezeigt …
Was …?!
Erröt

Dooong
Das Spiel …

... ist
eröffnet!!

H...
Hört auuuf! Ihr sollt nicht streiten!
Setsu! Du hast doch gesagt, bevor die letzte halbe Stunde anbricht, willst du nicht unnötig Kraft verschwenden!
Ahh! Tut mir leid.
Mich hat kurz das Jagdfieber gepackt.
Tomoki!
Wenn du hier Radau machst, fliegen wir doch alle auf ...
J...Ja, du hast recht.

Also heben wir uns unse-ren Ein-satz ...
... für die letzten 30 Minuten auf.
Kyah!
Kyah!
Noch eine Stunde ... Mann, ist mir langweilig.

Wart
Kann ...
... nicht endlich die letzte halbe Stunde anbrechen?
Ich bin ganz hibbelig vor lauter Bewegungsdrang ...
Nein ...
Vor lauter Drang, mit Setsu zu kämpfen.
War ich ...
... schon immer so versessen aufs Kämpfen ...?
Na ja, in mir hat sich ja auch eine ganze Menge Wut angestaut.
Lach
Lach
Kyaah!
Blamm
Ich bring ihn um ...

Ehrlich gesagt ... ver-stehe ich mich selbst am aller-wenigsten ...
Schau
?!
Pssst! Schön lei-se sein! ♡

Knöpf
Knöpf
Hey ... Was ...?!
Damit deine Sachen nicht schmutzig werden ...
Heb
M... Mist ...!
Nachher kannst du was erleben ...!
Seit jenem Tag ...
... verhält sich mein Körper komisch.

Nachdem ich einmal ...
... von diesem süßen Gefühl gekostet habe ...
ZUCK
...!
Aua ...
Ich hasse dich ...
... ist es wie in meinen Körper eingekerbt ...
... und lässt mich nicht mehr los.

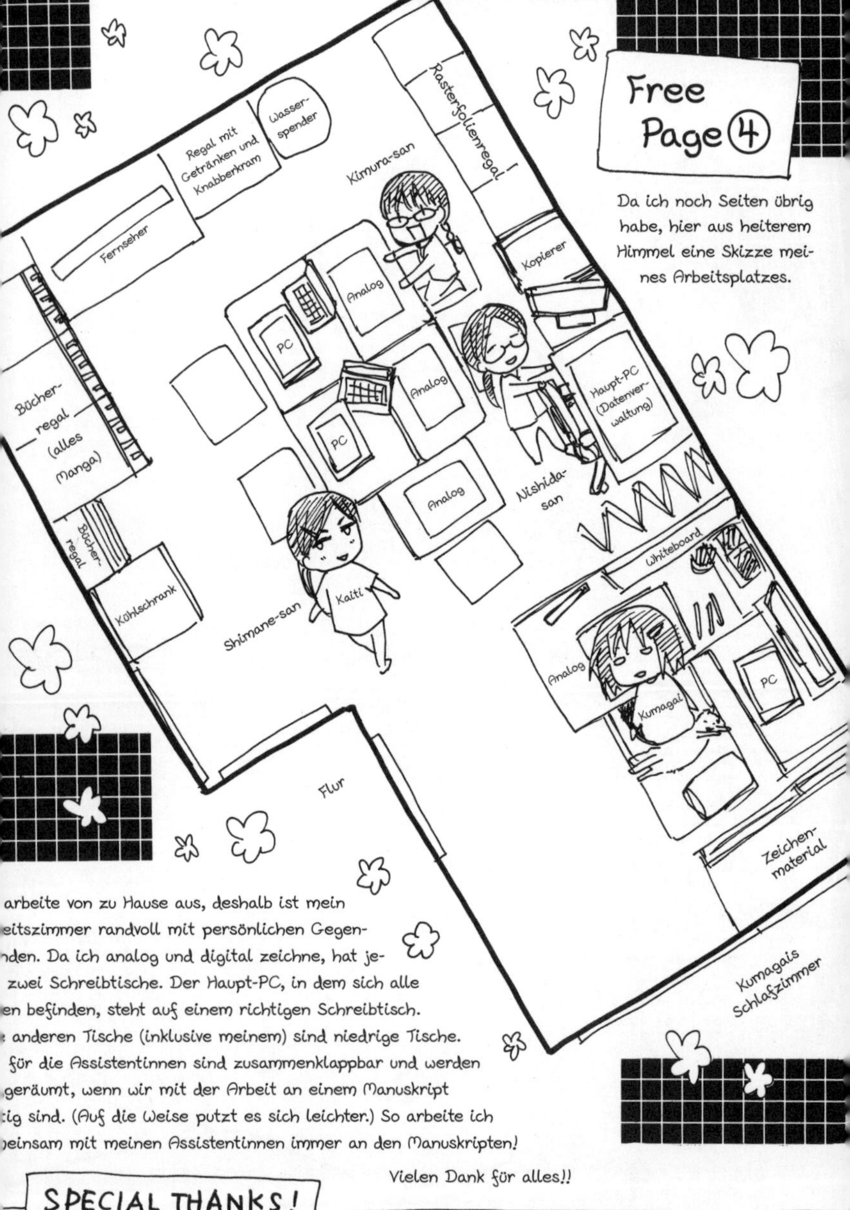

Free Page ④

Da ich noch Seiten übrig habe, hier aus heiterem Himmel eine Skizze meines Arbeitsplatzes.

arbeite von zu Hause aus, deshalb ist mein
eitszimmer randvoll mit persönlichen Gegen-
nden. Da ich analog und digital zeichne, hat je-
zwei Schreibtische. Der Haupt-PC, in dem sich alle
en befinden, steht auf einem richtigen Schreibtisch.
anderen Tische (inklusive meinem) sind niedrige Tische.
für die Assistentinnen sind zusammenklappbar und werden
geräumt, wenn wir mit der Arbeit an einem Manuskript
ig sind. (Auf die Weise putzt es sich leichter.) So arbeite ich
einsam mit meinen Assistentinnen immer an den Manuskripten!

Vielen Dank für alles!!

SPECIAL THANKS!

- Staff: Shoko Nishida
  Sayaka Kimura
  Chie Shimane
- Management: Meine Mutter
- Die *Sho-Comi*-Redaktion
- Design: Nishino-sama
- Lektorat: Nishimaki-sama
- An alle, die an der Entstehung dieses Buches mitgewirkt haben!
- Und alle Leser!

Kapitel 12

Kyah ha ha!
Doch nicht so!
Saug
Schluck
Schluck
Schluck

Streichel
...!
Zuck
Lass das!
Fass mich nicht an ...!
Setsu, das machst du doch mit Absicht!!

Stimmt.
Ich freue mich eben darüber ...
... dass dein Körper auf mich reagiert.

Erröt
…!!
かぁ
あぁあっ
Jedes Mal, wenn ich dich berühre, springt dein Puls …
Streich
… und dein Blut fließt schneller.
Seit dem Tag, an dem wir erneut den Blutsvertrag geschlossen haben …
Dein Kör-per wird im Handumdre-hen heiß.

Drück
Ver-
dammt
...

Adresse für Briefe:

Kyoko Kumagai
c/o Shogakukan
»*Sho-Comi*-Redaktion«
2-3-1 Hitotsubashi,
Chiyoda-ku 101-8001
Tokyo, Japan

Twitter:

@kumakyo__

Blog:

kumakyo.blog59.fc2.com

Euer Feedback gibt mir Kraft, wenn ich keine mehr habe! Vielen Dank an alle, die mir Nachrichten und Briefe schreiben!!

Hör auf ...

Ich ...

... bin nicht mehr das Mädchen von damals.

Ich kann nicht mehr zurück ...!

Ich bin schuld daran, dass die Eltern der beiden getötet wurden.
Ich werde sie rächen.
Und dann werde ich bis an mein Lebensende weiter für meine Schuld büßen.

Du kannst so viel Blut von mir haben, wie du willst.
Aber ...
... lass in Zukunft solche Sachen ...!

Vergiss es.
Ich mache das so, wie ich will!
Haach!
Du hast so eine masochistische Ader, Chiyo. Das ist mir eeecht unverständlich.
...!
Ich sag doch, dass es nicht deine Schuld war, dass die Eltern deiner Geschwister ermordet wurden.
Natürlich ist es meine Schuld!

Das weißt du doch selbst!
Weil ich dich unbedingt sehen wollte ...
... haben die beiden im Garten des Kagari-zuki-Anwesens auf mich gewartet ...!
Stimmt, du hast recht ...

Setsu ...
Kann es sein ...
... dass du irgendwas weißt ...?

Hmm ...
Tut mir ja leid, aber ich weiß rein gar nichts.
Was du nicht sagst ...

Klick
Du bist wirklich ein miserabler Lügner.

Blamm
Schreck
Ch... Chiyo-chan?!
Die letzte halbe Stunde hat aber noch nicht begonnen!
Genaaau! Chiyo kann wieder mal einfach nicht abwarten!
Duuu ...!

Du hast mir versprochen, mir Bescheid zu sagen, wenn du irgendwas herausfindest!! Hast du das schon ver-gessen?!
Warum sagst du nichts?!
Hmm ...
Schüttel
Schüttel

Ah!
...!
Tapp
Rin-kun ...
... belügst du mich etwa auch ...?

Spotz
Lass Rin da raus.
Haah ...
Ist ja kaum zu glauben. Dabei ist Lügen doch mein Spezialgebiet.
Typisch Chiyo-chan.
Du beobachtest mich schon seit wir Kinder waren ganz genau. ♡

Lass das Gerede und spuck's endlich aus.
Oder ...
... stellt es für die Familie Kagarizuki ein Problem dar ...
... wenn die Wahrheit über den Tod meiner Eltern ans Licht kommt?

Hä ...?
Grins
Chiyo ...
... du interpretierst da viel zu viel rein.
Tapp
Aber okay, ich sag's dir. Allerdings nur unter einer Bedingung ...

Tschack
Du musst mich im Survival Game schlagen!
Setsu ...!!

わあああ
Graaaaah
Kyaaah!
Blamm
Blamm
ああ
Klirr
ガシャアン
Das ist doch ...

Blamm
Blamm
Swusch
Du Mistkerl!!
Blamm
Rutsch
Blamm
Blamm
Blamm
Blamm
Splotz
Splotz
Splotz
Splotz
Staun
どよっっ
Er hat die Kugeln alle im Flug zerschossen!!
I... Ich glaub's nicht!
Krass, Alter!

Blamm
Blamm
Yaaaay!!
Jubel
Weiter sooo!
Blamm
Blamm
Blamm
Blamm
Ich treffe ihn einfach nicht!
Ich kann nicht glauben, wie schnell er ist!
Splotz

Klatsch
Verfl...!
!
Klatsch
Klatsch

Ich hab ihn getrof …
!!
Tomoki …

Tschack

Kracks

Raika-kun ist da!
Hä?
Duff

Alles ...
... was ich bisher ...
... geglaubt habe ...

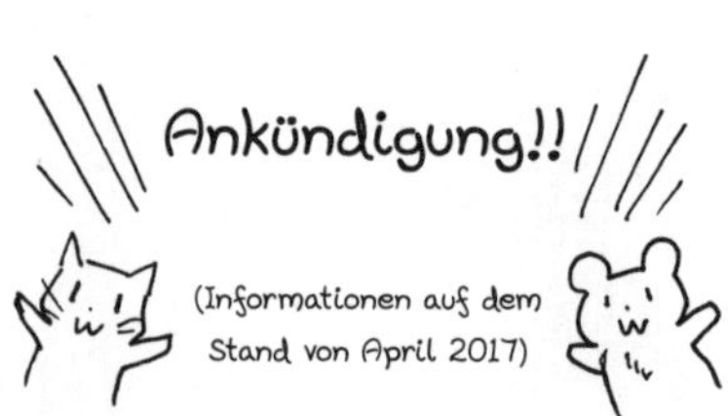

Vielen Dank, dass ihr auch das zwölfte Kapitel von *Chocolate Vampire* gelesen habt! An alle Leser, die nur die Taschenbücher verfolgen:
Die Fortsetzung zu diesem Band könnt ihr direkt in der aktuellen *Sho-Comi* Nr. 10 lesen!!* Also, wer nicht bis zum nächsten Band warten mag: Bitte sehr ...!! (Diese Ankündigung wollte ich schon immer mal machen, lol! Normalerweise bin ich im Magazin immer schon ein ganzes Kapitel weiter.)

Und es geht noch weiter! *ChocoVamp* wird außerdem das Cover der *Sho-Comi* Nr. 11 schmücken, die um den 2. Mai herum in den Handel kommt. Das Motiv seht ihr oben rechts! ↗

Und zwar kann man sich aus Illustrationen aller meiner Serien seine eigene Auswahl zusammenstellen, euer persönliches Artbook sozusagen. Wie das funktioniert, erfahrt ihr auf der Homepage der *Sho-Comi*!
Es stehen vielleicht nicht alle Illustrationen, die ich je gezeichnet habe, zur Auswahl.
Aber ihr findet dort auch richtig nostalgische Zeichnungen aus der Zeit kurz nach meinem Debüt als Mangaka vor elf Jahren, die mir mittlerweile so peinlich sind, dass ich schreien möchte! (Lach)
Falls nicht alle Illustrationen, die ihr möchtet, in ein Buch passen, könnt ihr natürlich gern mehrere bestellen. Die Bestellfrist geht bis Ende Dezember 2017. Bitte stellt euch eure eigene, individuelle Auswahl zusammen! ♡
Ich hoffe, wir sehen uns wieder in Band drei!

*erhältlich nur in Japan (Anm. d. Red.)

Als ich neun Jahre alt war ...
... wurde Chiyo ein Stückchen erwachsener.
Bonuskapitel

Hast du schon genug?
Ja.
Quietsch
Schnupper
...? Sag mal, Chiyo ...
Hast du dich irgendwo verletzt?
Du riechst nach Blut.
Zuck
ぴくっ

Jetzt mach mal halblang!
Wenn du irgendwo eine Wunde hast, zeig sie mir! Ich leck dran und heile sie!
Erröt
かぁぁ
Duuu ...
... Idiot!!
Batsch
スパーン
Das muss ganz schön wehtun.
Deine Wange ist knallrot!
Was war das denn jetzt?

Oh ...
Das Thema war in der Schule wohl noch nicht dran.
Chiyo-chan hat ihre Regel bekommen.
Welche Regel?
Also bei Mädchen ...
Und so weiter und so fort ...
Waaas?! Die Armen!!
Aufklärungsunterricht
Am nächsten Tag
Ich wollte mich ...
... für gestern entschuldigen. Ich hab was Blödes gesagt.

Ich wusste nicht, was eine Regel ist ... Ich trink dann eben nur ein bisschen Blut.
Schon gut.
Chiyo wird immer erwachsener ...
... und lässt mich immer weiter hinter sich.
Das mag ich nicht ...
Stups
Sie ist schon wieder hübscher geworden.
?
Chocolate Vampire 2 / Ende

TOKYOPOP GmbH
Hamburg

TOKYOPOP
1. Auflage, 2018
Deutsche Ausgabe/German Edition

Aus dem Japanischen von Anne Klink

CHOCOLATE VAMPIRE 2 by Kyoko KUMAGAI

Original Japanese edition published by SHOGAKUKAN.
German translation rights arranged with SHOGAKUKAN
through The Kashima Agency.

Redaktion: Natalie Wormsbecher
Lettering: Vibrraant Publishing Studio
Herstellung: Mathias Neumeyer
Druck und buchbinderische Verarbeitung:
CPI–Clausen & Bosse GmbH, Leck
Printed in Germany

ISBN 978-3-8420-4316-9

www.tokyopop.de